THE VOCAL LIBRARY

HIGH VOICE

Favorite German Art Songs

To access companion recorded piano accompaniments
and diction lessons online, visit:
www.halleonard.com/mylibrary

Enter Code
3291-8694-7225-8760

ISBN 978-0-7935-6245-9

HAL•LEONARD®
CORPORATION

7777 W. BLUEMOUND RD. P.O. BOX 13819 MILWAUKEE, WI 53213

Visit Hal Leonard Online at
www.halleonard.com

ON THE RECORDING

GARY ARVIN, pianist and translator, has extensive experience as a coach for the Houston Grand Opera, Santa Fe Opera, Cincinnati Opera, and the American Institute of Musical Studies in Graz, Austria. In 1986 Mr. Arvin was selected as Official Accompanist for the International Belvedere Competition in Vienna, the world's largest operatic singing competition.

Equally active in the genre of art song, Mr. Arvin has appeared in recital with singers throughout the United States, Austria, and Finland, and has distinguished himself as an accompanist both here and abroad in master classes for Gérard Souzay in French mélodies, Hans Hotter in German lieder, and Sir Peter Pears in the vocal works of Benjamin Britten. He has also recorded for the National Radio of Finland. Recent recital appearances include Santa Barbara, San Jose's Villa Montalvo Festival, the Cleveland Art Song Festival, and Carnegie Hall.

As the recipient of a Fulbright Grant, Mr. Arvin studied at the Hochschule für Musik und darstellende Kunst in Vienna after earning degrees from Indiana University and the University of Illinois. Over the years Mr. Arvin has maintained private coaching studios in Houston, Cincinnati, and New York.

In the summer of 1990 Mr. Arvin assumed the Artistic Directorship of the Art Song Program at the Summer Vocal Institute in Santa Barbara. He is currently Associate Professor of Vocal Coaching and Song Literature at Indiana University. He has also recorded "Songs of Joseph Marx" for Hal Leonard.

Contents

Piano accompaniments, translations, and International Phonetic Alphabet guides by Gary Arvin.

Diction lessons by Johanna Moore.

A NOTE ON USING THE
INTERNATIONAL PHONETIC ALPHABET

A general understanding of the International Phonetic Alphabet is essential in order to the derive the maximal benefit offered by this publication. It is of course impossible to rely solely on printed sources for perfect pronunciation in any language without the supplement of aural examples coupled with immediate verbal feedback. As a quick reference, however, a guide to the IPA symbols used in this book follows.

VOWELS

	GERMAN	FRENCH	ENGLISH
[ɑ]	fahren	pas	yard
[a]	Wein	amour	eye
[e]	stehen	parler	chaotic 1
[ɛ]	besser	même	bet
[i]	Liebe	fille	beat
[ɪ]	Sinn	-----	thin
[o]	wohl	château	obey 1
[ɔ]	Wonne	soleil	faught
[u]	Ruh	où	blue
[ʊ]	bunte	-----	could
[ə]	meine 2	calme 2	America 2
[y]	über	du	-----
[ʏ]	fünf	-----	-----
[ø]	schön	feu	-----
[œ]	Götter	peuple	-----
[ɑ̃]	-----	penser	-----
[ɛ̃]	-----	faim	-----
[ɔ̃]	-----	non	-----
[œ̃]	-----	parfum	-----

1.   The sounds [ ] and [o] do not actually occur in English as pure *monothongs* but rather as part of the *dipthongs* [eɪ] and [oʊ], respectively, as in "stay" [steɪ] and "go" [goʊ]. The examples "chaotic" and "obey" were thought, however, to be rare examples of *relatively* non-dipthongized English vowels.

2.   Although the same IPA symbol is used in all three languages to represent the so-called "schwa" or unstressed neutral vowel sound, it is important to acknowledge actual differences in its formation in these three languages. While the American neutral vowel is completely lacking in lip tension, the French "mute e" requires a good deal of lip rounding resulting in a modification toward [œ] or [ø] and the German "schwa", in the vocabulary of many of the finest German singers, is characterized by a certain coloring toward [e] or [ɛ].

CONSONANTS

	GERMAN	FRENCH	ENGLISH
[b]	bang	beauté	bargain
[d]	Diebe	Dieu	dormant
[f]	fahren	fort	fine
[g]	Gott	gallerie	gateway
[h]	halt	-----	hate
[j]	Jahr	hier	yard
[k]	klagen	carte	coat
[l]	Liebe	lorsque	lamb
[m]	Meer	même	marry
[n]	nicht	nouvelle	north
[p]	Partitur	pour	portion
[r]	Reden	réserve	-----
[ʀ]	-----	-----	rental
[s]	das	sonore	solo
[t]	Tisch	toujour	tuba
[v]	Wellen	wagon-lit	variation
[w]	-----	-----	willing
[χ]	auch	-----	-----
[ç]	dich	-----	huge
[z]	Eisen	oser	closing
[ʃ]	Schlaf	chercher	shine
[ɥ]	-----	nuit	-----
[ʒ]	Gage	jouer	vision
[ŋ]	Ring	-----	ring
[ɲ]	-----	gagner	onion

DIACRITICAL MARKINGS

[:]	lengthens the preceding vowel
[']	indicates that the following syllable is stressed
[|]	indicates a glottal stop (or fresh attack) of the following vowel

An die Musik
To Music

music by Franz Schubert   (1797-1828)
poem von Franz von Schober   (1798-1883)

Du holde Kunst,	*O noble art!*
in wieviel grauen Stunden,	*How often in gloomy times,*
Wo mich des Lebens	*when life's vicious circle*
wilder Kreis umstrickt,	*encompassed me,*
Hast du mein Herz	*you have kindled my heart*
zu warmer Lieb entzunden,	*to the warmth of love*
Hast mich in eine	*and transported me*
bessre Welt entrückt!	*to a better world!*
Oft hat ein Seufzer,	*Often a sigh,*
deiner Harf entflossen,	*escaping from your harp---*
Ein süsser, heiliger	*a sweet and blessed*
Akkord von dir	*chord from you---*
Den Himmel bessrer Zeiten	*has opened up to me*
mir erschlossen,	*a heaven of better times.*
Du holde Kunst,	*O noble art,*
ich danke dir dafür!	*For this I thank you!*

An die Musik
ɑːn diː muˈziːk

Du   holde   Kunst,   in   wieviel   grauen   Stunden,
duː ˈhɔldə kʊnst   ǀɪn ˈviːfiːl   ˈɡrɑʊən ˈʃtʊndən

Wo   mich   des   Lebens   wilder   Kreis   umstrickt,
vɔː mɪç   dɛs   ˈleːbəns ˈvɪldər krɑes   ǀʊmˈʃtrɪkt

Hast   du   mein Herz   zu   warmer   Lieb   entzunden,
hɑst   duː mɑenhɛrts tsuː ˈvɑrmər liːp   ǀɛntˈtsʊndən

Hast   mich   in   eine   bessre   Welt   entrückt!
hɑst   mɪç   ǀɪn ˈǀɑenə ˈbɛsrə   vɛlt   ǀɛntˈrʏkt

Oft   hat   ein   Seufzer,   deiner   Harf   entflossen,
ǀɔft hɑt   ǀɑen ˈzɔøftsər ˈdɑenər hɑrf   ǀɛntˈflɔsən

Ein   süsser   heiliger   Akkord   von   dir
ǀɑenˈzyːsər   ˈhaelɪɡər   ǀɑˈkɔrt   fɔn   diːr

Den   Himmel   bessrer   Zeiten   mir   erschlossen,
deːnˈhɪməl   ˈbɛsrər   ˈtsɑetən   mɪr   ǀɛrˈʃlɔsən

Du: holde   Kunst,   ich   danke   dir   dafür!
duː   ˈhɔldə   kʊnst   ǀɪç   ˈdaŋkə   diːr   dɑˈfyːr

When studying the recording of the native speaker on the cassette, it should be noted that the "R" sound needs to be modified to a flipped or rolled "R" when singing classical music in German.

AN DIE MUSIK

Franz von Schober
(original key)

Franz Schubert

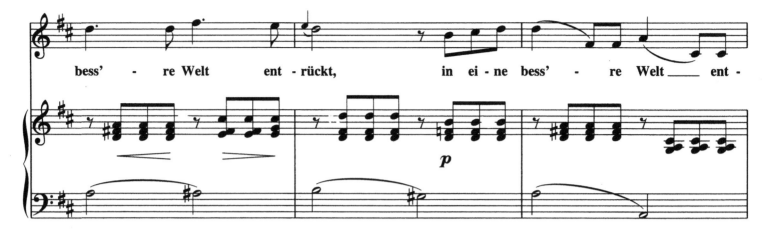

bess' - re Welt ent - rückt, in ei - ne bess' - re Welt ___ ent -

p

rückt!

fp *fp*

Oft hat ein Seuf - zer, dei - ner Harf' ent - flos - sen,

pp

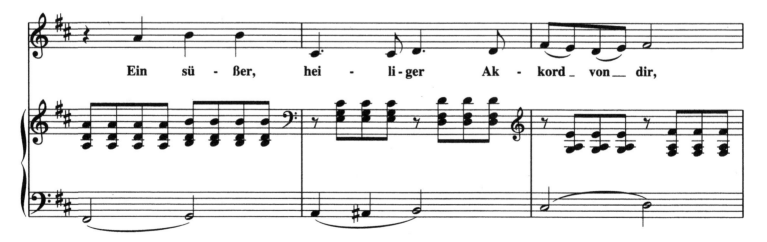

Ein sü - ßer, hei - li - ger Ak - kord ___ von ___ dir,

Den Him - mel bess' - rer_ Zei - ten mir er -

schlos - sen, Du hol - de Kunst, ich_ dan - ke dir da -

cresc.

für, du hol - de Kunst, ___ ich dan - ke dir!

p

fp *fp*

Die Forelle
The Trout

music by Franz Schubert   (1797-1828)
poem by Christian Schubart   (1739-1791)

In einem Bächlein helle,	*In a clear little brook*
Da schoss in froher Eil	*there darted merrily about*
Die launische Forelle	*a playful trout*
Vorüber wie ein Pfeil.	*shooting by like an arrow.*
Ich stand an dem Gestade	*I stood on the bank*
Und sah in süsser Ruh	*and watched with contentment*
Des muntern Fischleins Bade	*the happy little fish bathing*
Im klaren Bächlein zu.	*in the clear little brook.*
Ein Fischer mit der Rute	*A fisherman with his rod*
Wohl an dem Ufer stand,	*was also standing on the bank*
Und sah's mit kaltem Blute,	*and coldly observed*
Wie sich das Fischlein wand.	*the little fish's movements.*
So lang' dem Wasser helle,	*"As long as the water stays clear,"*
So dacht' ich, nicht gebricht,	*I thought, "and not muddied,*
So fängt er die Forelle	*he'll never catch the trout*
Mit seiner Angel nicht.	*with his hook."*
Doch endlich ward dem Diebe	*But eventually the thief*
Die Zeit zu lang. Er macht	*found the wait too long. So he*
Das Bächlein tückisch trübe,	*cleverly stirred up the little brook*
Und eh ich es gedacht,	*and before I hardly knew it*
So zuckte seine Rute,	*he jerked his rod*
Das Fischlein zappelt dran,	*and there dangled the little fish*
Und ich mit regem Blute	*while I, with my pulse racing,*
Sah die Betrog'ne an.	*just stared at the betrayed one.*

Die Forelle
diː fɔˈrɛlə

In	einem	Bächlein	helle,
ǀɪn	ˈǀaenəm	ˈbɛçlaen	ˈhɛlə

Da	schoss	in	froher	Eil
dɑː	ʃɔs	ǀɪn	ˈfroːər	ǀael

Die	launische	Forelle
diː	ˈlaʊnɪʃə	fɔˈrɛlə

Vorüber	wie	ein	Pfeil.
foːˈryːbər	viː	ǀaen	pfael

Ich	stand	an	dem	Gestade
ǀɪç	ʃtant	ǀaːn	deːm	gəˈʃtaːdə

Und	sah	in	süsser	Ruh
ǀʊnt	zaː	ǀɪn	ˈzyːsər	ruː

Des	muntern	Fischleins	Bade
dɛs	ˈmʊntərn	ˈfɪʃlaens	ˈbaːdə

Im	klaren	Bächlein	zu.
ǀɪm	ˈklaːrən	ˈbɛçlaen	tsuː

Ein	Fischer	mit	der	Rute
ǀaenˈfɪʃər		mɪt	deːrˈruːtə	

Wohl	an	dem	Ufer	stand,
voːl	ǀaːn	deːmˈǀuːfər ʃtant		

Und	sah's	mit	kaltem	Blute,
ǀʊnt	zaːs	mɪt	ˈkaltəm	ˈbluːtə

Wie	sich	das	Fischlein	wand.
viː	zɪç	das	ˈfɪʃlaen	vant

So	lang	dem	Wasser	helle,
zoː	laŋ	deːm	ˈvasər	ˈhɛlə

So	dacht'	ich,	nicht	gebricht,
zoː	daχt	ǀɪç	nɪçt	gəˈbrɪçt

So	fängt	er	die	Forelle
zoː	fɛŋkt	ǀeːr	diː	fɔˈrɛlə

Mit	seiner	Angel	nicht.
mɪt	ˈzaenər	ǀaŋəl	nɪçt

Doch	endlich	ward	dem	Diebe
dɔχ	ˈǀɛntlɪç	vart	deːm	ˈdiːbə

Die	Zeit	zu	lang.	Er	macht
diː	tsaet	tsuː	laŋ	eːr	maχt

Das	Bächlein	tückisch	trübe,
das	ˈbɛçlaen	ˈtʏkɪʃ	ˈtryːbə

Und	eh	ich	es	gedacht,
ǀʊnt	ǀeː	ǀɪç	ǀɛs	gəˈdaχt

So	zuckte	seine	Rute,
zoː	ˈtsʊktə	ˈzaenə	ˈruːtə

Das	Fischlein	zappelt	dran,
das	ˈfɪʃlaen	ˈtsapəlt	dran

Und	ich	mit	regem	Blute
ǀʊnt	ǀɪç	mɪt	ˈreːgəm	ˈbluːtə

Sah	die	Betrog'ne	an.
zaː	diː	bəˈtroːgnə	ǀan

When studying the recording of the native speaker on the cassette, it should be noted that the "R" sound needs to be modified to a flipped or rolled "R" when singing classical music in German.

DIE FORELLE

Christian Schubart
(original key)

Franz Schubert

Etwas lebhaft (Poco animato)

In ei - nem Bäch - lein hel - le, Da schoß in fro - her__ Eil' Die lau - ni - sche Fo - rel - le Vor - ü - ber__ wie ein Pfeil. Ich

12

stand an dem Ge-sta - de, Und sah in sü - ßer

Ruh' Des mun - tern Fisch-leins Ba - de Im kla - ren Bäch-lein

zu, des mun - tern Fisch-leins Ba - de im

kla - ren Bäch-lein zu.

Ein Fi - scher mit der Ru - te Wohl

an dem U - fer__ stand, Und sah's mit kal - tem

Blu - te, Wie sich das__ Fisch - lein wand. So

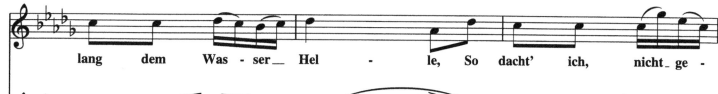

lang dem Was - ser__ Hel - le, So dacht' ich, nicht__ ge -

bricht, So fängt er die Fo - rel - le Mit sei - ner An - gel

nicht, so fängt _ er die _ Fo - rel - le mit

sei - ner An - gel nicht.

Doch end - lich ward dem Die - be

Die Zeit zu lang. Er macht Das

Bäch - lein tü - ckisch trü - be, Und eh'_____ ich es ge -

dacht; So zuck - te sei - ne Ru - te, Das Fisch - lein, das

Fisch - lein zap - pelt dran, Und ich mit re - gem

Blu - te Sah die Be - trog - ne an, und

ich___ mit re - gem__ Blu - te sah die Be - trog - ne

an.

dim.

pp

Heidenröslein
Rosebud on the Moors

music by Franz Schubert (1797-1828)
poem by Johann Wolfgang von Goethe (1749-1832)

Sah ein Knab ein Röslein stehn,	*A boy saw a rosebud growing,*
Röslein auf der Heiden,	*rosebud on the moors.*
War so jung und morgenschön,	*It was so young and fresh as the morning*
Lief er schnell, es nah zu sehn,	*that he quickly ran to look at it more closely.*
Sah's mit vielen Freuden.	*He gazed at it with great pleasure.*
Röslein, Röslein, Röslein rot,	*Rosebud, rosebud, rosebud red,*
Röslein auf der Heiden.	*rosebud on the moors.*
Knabe sprach: Ich breche dich,	*The boy said: "I'll pick you,*
Röslein auf der Heiden!	*rosebud on the moors."*
Röslein sprach: Ich steche dich,	*The rosebud said: "I'll prick you*
dass du ewig denkst an mich,	*so that you'll always remember me*
Und ich will's nicht leiden.	*and I won't allow it."*
Röslein, Röslein, Röslein rot,	*Rosebud, rosebud, rosebud red,*
Röslein auf der Heiden.	*rosebud on the moors.*
Und der wilde Knabe brach	*And so the unruly boy picked*
's Röslein auf der Heiden;	*the rosebud on the moors.*
Röslein wehrte sich und stach,	*The rosebud defended itself and pricked him*
Half ihm doch kein Weh und Ach,	*but its wails and crys were of no avail.*
Musst es eben leiden.	*It simply had to suffer.*
Röslein, Röslein, Röslein rot,	*Rosebud, rosebud, rosebud red,*
Röslein auf der Heiden.	*rosebud on the moors.*

Heidenröslein
ˈhaedənˈrøːzlɑen

Sah	ein	Knab	ein	Röslein	stehn,		Röslein,	Röslein,	Röslein	rot,
zɑː	ǀaen	knɑːp	ǀaen	ˈrøːzlɑen	ʃteːn		ˈrøːzlɑen	ˈrøːzlɑen	ˈrøːzlɑen	roːt
Röslein	auf	der	Heiden,				Röslein	auf	der	Heiden.
ˈrøːzlɑen	ǀauf	deːr	ˈhaedən				ˈrøːzlɑen	ǀauf	deːr	ˈhaedən
War	so	jung	und	morgenschön,			Und	der	wilde	Knabe	brach
vɑːr	zoː	juŋ	ǀunt	ˈmɔrgənˈʃøːn			ǀunt	deːr	ˈvɪldə	ˈknɑːbə	brɑχ
Lief	er	schnell,	es	nah	zu	sehn,	's	Röslein	auf	der	Heiden;
liːf	ǀeːr	ʃnɛll	ǀes	nɑː	tsuː	zeːn	s	ˈrøːzlɑen	ǀauf	deːr	ˈhaedən
Sah's	mit	vielen	Freuden.				Röslein	wehrte	sich	und	stach,
zɑːs	mɪt	ˈfiːlən	ˈfrɔødən				ˈrøːzlɑen	ˈveːrtə	zɪç	ǀunt	ʃtɑχ
Röslein,	Röslein,	Röslein	rot,				Half	ihm	doch	kein	Weh	und Ach,
ˈrøːzlɑen	ˈrøːzlɑen	ˈrøːzlɑen	roːt				half	ǀiːm	dɔχ	kaen	veː	ǀunt ǀɑχ
Röslein	auf	der	Heiden.				Musst	es	eben	leiden.
ˈrøːzlɑen	ǀauf	deːr	ˈhaedən				must	ǀes	ˈǀeːbən	ˈlaedən
Knabe	sprach:	"Ich	breche	dich,			Röslein,	Röslein,	Röslein	rot,
ˈknɑːbə	ʃprɑχ	ǀɪç	ˈbrɛçə	dɪç			ˈrøːzlɑen	ˈrøːzlɑen	ˈrøːzlɑen	roːt
Röslein	auf	der	Heiden!"				Röslein	auf	der	Heiden.
ˈrøːzlɑen	ǀauf	deːr	ˈhaedən				ˈrøːzlɑen	ǀauf	deːr	ˈhaedən
Röslein	sprach:	"Ich	steche	dich,						
ˈrøːzlɑen	ʃprɑχ	ǀɪç	ˈʃteçə	dɪç						
dass	du	ewig	denkst	an	mich,					
dɑs	duː	ˈǀeːvɪç	deŋkst	ǀan	mɪç					
Und	ich	will's	nicht	leiden."						
ǀunt	ǀɪç	vɪls	nɪçt	ˈlaedən						

When studying the recording of the native speaker on the cassette, it should be noted that the "R" sound needs to be modified to a flipped or rolled "R" when singing classical music in German.

HEIDENRÖSLEIN

Johann Wolfgang von Goethe
(original key)

Franz Schubert

wie oben (come prima)

Rös-lein auf der Hei - den.   Kna - be sprach: "Ich

bre - che _ dich, Rös-lein auf der Hei - den!" Rös-lein sprach: "Ich ste - che _ dich,

Daß du e - wig denkst _ an _ mich, Und _ ich _ will's _ nicht _ lei - den."

cresc.

nachgebend (meno mosso)   *wie oben (come prima)*

Rös-lein, Rös-lein, Rös - lein _ rot, Rös-lein auf der Hei - den.

pp

Und der wil - de Kna - be_ brach 's Rös -lein auf der Hei - den,

Rös - lein wehr - te sich_ und_ stach, Half ihm doch kein Weh _ und_ Ach,

nachgebend (meno mosso)

Mußt'_ es _ e - ben_ lei - den. Rös -lein, Rös - lein, Rös - lein_ rot,

cresc. *pp*

wie oben (come prima)

Rös - lein auf der Hei - den.

Der Nussbaum
The Nut Tree

music by Robert Schumann   (1810-1856)
poem by Julius Mosen   (1803-1867)

Es grünet ein Nussbaum vor dem Haus, duftig, luftig breitet er blättrig die Blätter aus.	*A nut tree grows in front of the house.* *Fragrant and airy* *it spreads out its leafy branches.*
Viel liebliche Blüten stehen d'ran; linde Winde kommen, sie herzlich zu umfahn.	*Many lovely blossoms grow on it.* *Gentle breezes* *come to caress them lovingly.*
Es flüstern je zwei zu zwei gepaart, neigend, beugend zierlich zum Kusse die Häuptchen zart.	*They whisper together in pairs,* *bowing, bending* *gracefully their tender little heads for* *a kiss.*
Sie flüstern von einem Mägdlein, das dächte die Nächte und Tage lang, Wusste ach! selber nicht was.	*They whisper about a girl who* *thinks all night* *and all day of, alas, she herself knows* *not what.*
Sie flüstern, wer verstehn so gar leise Weis'? Flüstern von Bräut'gam und nächstem Jahr.	*They whisper. Who is able to* *discern such a quiet gesture?* *They whisper of a bridegroom and of* *next year.*
Das Mägdlein horchet, es rauscht im Baum. Sehnend, währnend sinkt es lächelnd in Schlaf und Traum.	*The girl listens, the tree rustles.* *Longing, imagining* *she sinks, smiling, into sleep and* *dreams.*

Der Nussbaum
deːr ˈnʊsbaʊm

Es grünet ein Nussbaum vor dem Haus,
ǀɛs ˈgryːnət ǀaen ˈnʊsbaʊm foːr deːm haʊs

duftig, luftig breitet e r blättrig die Blätter aus.
ˈdʊftɪç ˈlʊftɪç ˈbraetət ǀeːr ˈblɛtrɪç diː ˈblɛtərǀaʊs

Viel liebliche Blüten stehen d'ran;
fiːl ˈliːplɪçə ˈblyːtən ˈʃteːən dran

linde Winde kommen, sie herzlich zu umfahn.
ˈlɪndə ˈvɪndə ˈkɔmən ziː ˈhertslɪç tsuː ǀʊmˈfaːn

Es flüstern je zwei zu zwei gepaart,
ǀɛs ˈflʏstərn jeː tsvae tsuː tsvae gəˈpart

neigend, beugend zierlich
ˈnaegənt ˈbɔøgənt ˈtsiːrlɪç

Zum Kusse die Häuptchen zart.
tsʊm ˈkʊsə diː ˈhɔøptçən tsart

Sie flüstern von einem Mägdlein,
ziː ˈflʏstərn fɔn ǀaenəm ˈmɛːkdlaen

das dächte die Nächte und Tage lang,
das ˈdɛçtə diː ˈnɛçtə ǀʊnt ˈtaːgə laŋ

Wusste ach! selber nicht was.
ˈvʊstə ǀax ˈzelbər nɪçt vas

Sie flüstern, sie flüstern,
ziː ˈflʏstərn ziː ˈflʏstərn

Wer mag verstehn so gar leise Weis'?
veːr mak ferˈʃteːn zoː gaːr ˈlaezə vaes

Flüstern von Bräut'gam und nächstem Jahr.
ˈflʏstərn fɔn ˈbrɔøtgam ǀʊntˈnɛːçstəm jaːr

Das Mägdlein horchet, es rauscht im Baum;
das ˈmɛːkdlaen ˈhɔrçət ǀɛs raʊʃt ǀɪm baʊm

Sehnend, währnend sinkt e s
ˈzeːnənd ˈveːnənd zɪŋkt ǀɛs

Lächelnd in Schlaf und Traum.
ˈlɛçəlnt ǀɪn ʃlaːf ǀʊnt traʊm

When studying the recording of the native speaker on the cassette, it should be noted that the "R" sound needs to be modified to a flipped or rolled "R" when singing classical music in German.

DER NUSSBAUM

Julius Mosen
(original key)

Robert Schumann

blätt - rig die Ä - ste * aus.

Viel lieb - li - che Blü - ten ste - hen d'ran;

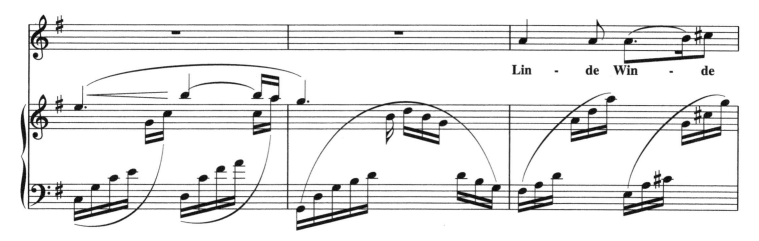

Lin - de Win - de

Kom - men, sie herz - lich zu um - fahn.

This is the word in the original poem. In apparent haste, Schumann mistakenly substituted the word Blätter.

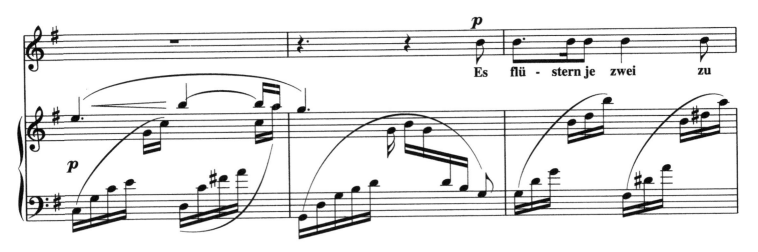

Es flü - stern je zwei zu

zwei ge - paart,

Nei - gend, Beu - gend Zier - lich zum Kus - se die Häupt - chen

zart. *rit.* *(a tempo)* Sie

flü - stern von ei - nem Mägd - lein, das Däch - te die

Näch - te und Ta - ge - lang,

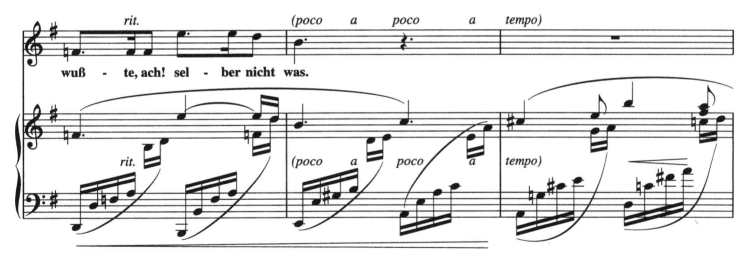

rit. *(poco a poco a tempo)*

wuß - te, ach! sel - ber nicht was.

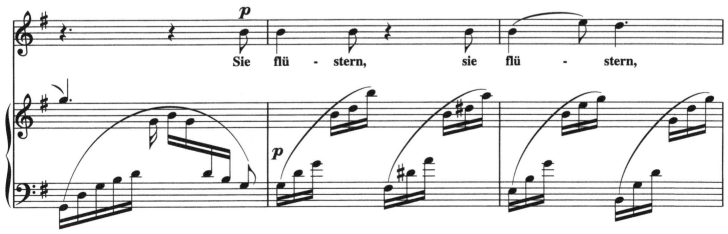

Sie flü - stern, sie flü - stern,

wer mag ver - stehn so gar

Lei - se Weis'?

Flü - stern von Bräut' - gam und näch - stem

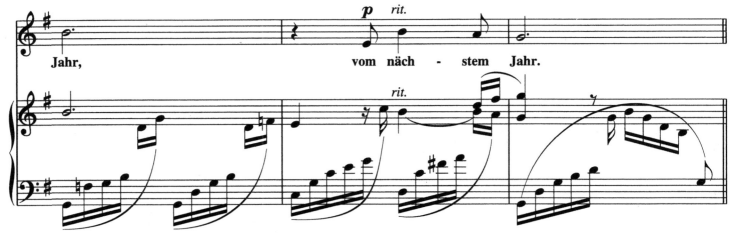

Jahr, vom näch - stem Jahr.

Das Mägd - lein hor - chet,

es rauscht im Baum; Seh - nend, Wäh - nend,

Sinkt es lä - chelnd in Schlaf und Traum.

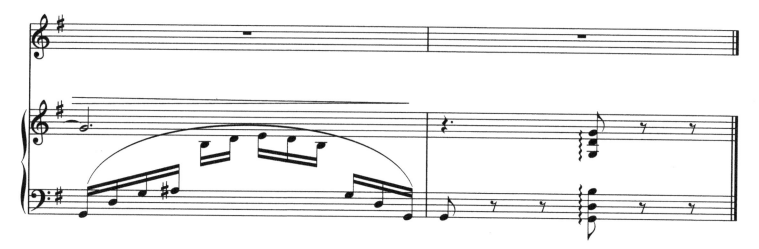

Widmung
Devotion

music by Robert Schumann   (1810-1856)
poem by Friedrich Rückert   (1788-1866)

Du meine Seele, du mein Herz,
Du meine Wonn', o du mein Schmerz,
Du meine Welt, in der ich lebe,
Mein Himmel du, darein ich schwebe,
O du mein Grab, in das hinab
Ich ewig meinen Kummer gab!

Du bist die Ruh', du bist der Frieden,
Du bist vom Himmel mir beschieden.
Dass du mich liebst, macht mich mir wert,
Dein Blick hat mich vor mir verklärt,

Du hebst mich liebend über mich,
Mein guter Geist, mein bess'res Ich!

Du meine Seele, du mein Herz,
Du meine Wonn', o du mein Schmerz,
Du meine Welt, in der ich lebe,
Mein Himmel du, darein ich schwebe,
Mein guter Geist, mein bess'res Ich!

You my soul, you my heart,
you my delight, oh you my pain,
you my world in which I live,
my heaven you, into which I soar,
o you my grave in which
I have buried forever my sorrows!

You are repose, you are peace,
you were given to me by heaven.
Your love makes me feel worthy.
Your glance has transfigured me
in my own eyes.
You lift me lovingly above myself,
My guardian spirit, my better self!

You my soul, you my heart,
you my delight, oh you my pain,
you my world in which I live,
my heaven you, into which I soar,
My guardian spirit, my better self!

Widmung
ˈvɪtmʊŋ

Du	meine	Seele,	du	mein	Herz,		Du	meine	Seele,	du	mein	Herz,
du:	ˈmaenə	ˈzeːlə	du:	maen	hɛrts		du:	ˈmaenə	ˈzeːlə	du:	maen	hɛrts

Du	meine	Wonn',	o	du	mein	Schmerz,		Du	meine	Wonn',	o	du	mein	Schmerz,
du:	ˈmaenə	vɔn	ǀoː	du:	maen	ʃmɛrts		du:	ˈmaenə	vɔn	ǀoː	du:	maen	ʃmɛrts

Du	meine	Welt,	in	der	ich	lebe,		Du	meine	Welt,	in	der	ich	lebe,
du:	ˈmaenə	vɛlt	ǀɪn	deːr	ɪç	ˈleːbə		du:	ˈmaenə	vɛlt	ǀɪn	deːr	ǀɪç	ˈleːbə

Mein	Himmel	du,	darein	ich	schwebe,		Mein	Himmel	du,	darein	ich	schwebe,
maen	ˈhɪməl	du:	daˈraen	ǀɪç	ˈʃveːbə		maen	ˈhɪməl	du:	daˈraen	ǀɪç	ˈʃveːbə

O	du	mein	Grab,	in	das	hinab		Mein	guter	Geist,	mein	bess'res	Ich!
ǀoː	du:	maen	graːp	ǀɪn	das	hɪˈnap		maen	ˈguːtər	gaest	maen	ˈbɛsrəs	ǀɪç

Ich	ewig	meinen	Kummer	gab!
ǀɪç	ˈleːvɪç	ˈmaenən	ˈkʊmər	gaːp

Du	bist	die	Ruh',	du	bist	der	Frieden,
du:	bɪst	diː	ruː	du:	bɪst	deːr	ˈfriːdən

Du	bist	von	Himmel	mir	beschieden.
du:	bɪst	fɔn	ˈhɪməl	miːr	bəˈʃiːdən

Dass	du	mich	liebst,	macht	mich	mir	wert,
das	du:	mɪç	liːpst	maxt	mɪç	miːr	veːrt

Dein	Blick	hat	mich	vor	mir	verklärt,
daen	blɪk	hat	mɪç	foːr	miːr	fɛrˈklɛːrt

Du	hebst	mich	liebend	über	mich,
du:	heːbst	mɪç	ˈliːbənd	ǀyːbər	mɪç

Mein	guter	Geist,	mein	bess'res	Ich!
maen	ˈguːtər	gaest	maen	ˈbɛsrəs	ǀɪç

When studying the recording of the native speaker on the cassette, it should be noted that the "R" sound needs to be modified to a flipped or rolled "R" when singing classical music in German.

WIDMUNG

Franz Rückert
(original key)

Robert Schumann

Du mei-ne See - le, du mein

Herz, Du mei-ne Wonn', o du mein Schmerz, Du mei-ne

Welt, in der ich le - be, Mein Him-mel du, dar-ein ich

schwe-be, O du mein Grab, in das hin-ab ich e - wig

mei-nen Kum - mer gab! Du bist die

Ruh', du bist der Frie - den,

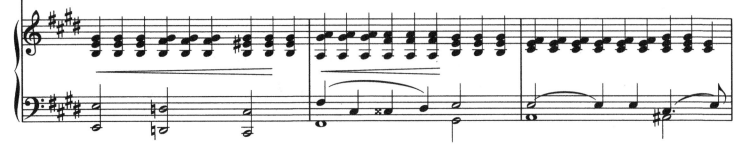

Du bist vom Him - mel mir be-

Schmerz,   Du mei - ne Welt, _____ in der ich le - be, Mein Him - mel

steigend   *und*

du, _____ dar - ein ich schwe - be, Mein gu - ter Geist, mein bess' - res

eilend   *rit.*

Ich!

p

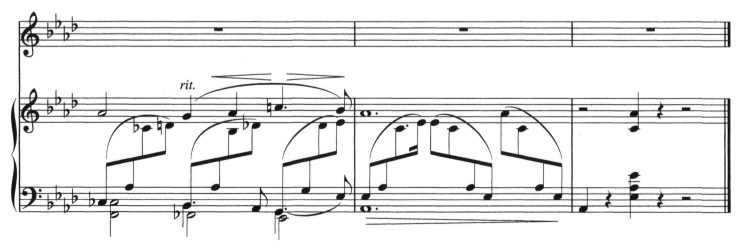

rit.

GERMAN ART SONG RECITAL
MARCH 2

3:00 PM
Logan Babel-Wie Melodien zieht es mir
AnnaMarie Cobb-Widmung
Katharine Crowe-Wie Melodien zieht es mir
Jake Emmons-Widmung
Emily Hemund-Wie Melodien zieht es mir
Brandon Holloway-Widmung
Andrew Laney-Wie Melodien zieht es mir
Jackson McDonald-Widmung
Maddy Moore-Wie Melodien zieht es mir
Mac Ricks-Widmung
Isaac Sanders-Wie Melodien zieht es mir
Karis Staley-Widmung
Jacob Yates-Wie Melodien zieht es mir

4:00 PM
Sammy Arizaga-Wie Melodien zieht es mir
Kaelin Clay-Widmung
Amaya Hardin-Wie Melodien zieht es mir
Halle Jones-Widmung
Holden Magee-Wie Melodien zieht es mir
Kieran Malmer-Widmung
Kailey May-Wie Melodien zieht es mir
Cody Pallen-Widmung
Michael Pasman-Wie Melodien zieht es mir
Katie Reeves-Widmung
Haley Shourd-Wie Melodien zieht es mir
Noah Warford-Widmung

Don't forget—your CD/Online Access has the German pronunciation along with the accompaniment. You have no reason not to be prepared!

Widmung
   m. 1-13
Wie Melodien zieht es mir
   m. 1-25

Students are required to sing on their assigned day. Any changes, due to an emergency only, must be approved by Dr. Glenda Secrest in advance.

FRENCH ART SONG RECITAL
APRIL 13

3:00 PM

Logan Babel-Ici-bas
AnnaMarie Cobb-Beau soir
Katharine Crowe-Ici-bas
Jake Emmons-Beau soir
Emily Hemund-Ici-bas
Brandon Holloway-Beau soir
Andrew Laney-Ici-bas
Jackson McDonald-Beau soir
Maddy Moore-Ici-bas
Mac Ricks-Beau soir
Isaac Sanders-Ici-bas
Karis Staley-Beau soir
Jacob Yates-Ici-bas

4:00 PM

Sammy Arizaga-Ici-bas
Kaelin Clay-Beau soir
Amaya Hardin-Ici-bas
Halle Jones-Beau soir
Holden Magee-Ici-bas
Kieran Malmer-Beau soir
Kailey May-Ici-bas
Cody Pallen-Beau soir
Michael Pasman-Ici-bas
Katie Reeves- Beau soir
Haley Shourd- Ici-bas
Noah Warford-Beau soir

Don't forget—your CD/Online Access has the French pronunciation along with the accompaniment. You have no reason not to be prepared!

Beau soir
      m. 1-19
Ici-bas
      m. 1-18
Students are required to sing on their assigned day. Any changes, due to an emergency only, must be approved by Dr. Glenda Secrest in advance.

Dein blaues Auge
Your Blue Eyes

music by Johannes Brahms   (1833-1897)
poem by Klaus Groth   (1819-1899)

Dein blaues Auge hält so still,
Ich blicke bis zum Grund.
Du fragst mich, was ich sehen will?
Ich sehe mich gesund.

Es brannte mich ein glühend Paar,
Noch schmerzt das Nachgefühl:
Das deine ist wie See so klar,
Und wie ein See so kühl.

Your blue eyes are so serene
that I can gaze into their depths.
You ask me what I wish to see?
I see myself healed.

Once I was burned by a glowing pair.
I can still feel the pain.
But your eyes are as clear as a lake
and like a lake so soothing.

Dein blaues Auge
dɑen'blɑʊəs'ɑʊgə

Dein	blaues		Auge		hält	so	still,
dɑen'blɑʊəs			'ɑʊgə		hɛlt	zo:	ʃtɪl

Ich	blicke	bis	zum	Grund.
|ɪç	'blɪkə	bɪs	tsʊm	grʊnt

Du	fragst	mich,	was	ich	sehen	will?
du:	frɑ:kst	mɪç	vɑs	|ɪç	'ze:ən	vɪl

Ich	se:he	mich	gesund.
|ɪç	'ze:ə	mɪç	gə'zʊnt

Es	brannte	mich	ein	glühend	Paar,
|ɛs	'brɑntə	mɪç	|ɑen	'gly:ənt	pɑ:r

Noch	schmerzt	das	Nachgefühl:
nɔχ	ʃmɛrtst	dɑs	'nɑ:χgə'fy:l

Das	deine	ist	wie	See	so	klar,
dɑs	'dɑenə	|ɪst	vi:	ze:	zo:	klɑ:r

Und	wie	ein	See	so	kühl.
|ʊnt	vi:	|ɑen	ze:	zo:	ky:l

When studying the recording of the native speaker on the cassette, it should be noted that the "R" sound needs to be modified to a flipped or rolled "R" when singing classical music in German.

DEIN BLAUES AUGE

Klaus Groth
(original key)

Johannes Brahms

Dein blau - es Au - ge hält so still, Ich bli - cke bis zum Grund, Du fragst mich, was ich se - hen will? Ich se - he mich ge - sund. Es bran - te mich ein

glü - hend Paar, Noch schmerzt, _ noch schmerzt _ das Nach - ge-

fühl: Das dei - ne ist wie See so klar, Und

wie ein See so kühl, und wie ein See so kühl.

Wie Melodien zieht es mir
Like Melodies it Passes

music by Johannes Brahms   (1833-1897)
poem by Klaus Groth   (1819-1899)

Wie Melodien zieht es	*Like melodies it passes*
mir leise durch den Sinn,	*gently through my mind.*
wie Frühlingsblumen blüht es	*Like spring flowers it blooms*
und schwebt wie Duft dahin.	*and hovers away like fragrance.*
Doch kommt das Wort und fasst es	*Yet if a word comes and seizes it*
und führt es vor das Aug',	*and leads it before the eye*
wie Nebelgrau erblasst es	*like a gray mist it fades*
und schwindet wie ein Hauch.	*and vanishes like a breath.*
Und dennoch ruht im Reime	*Even so, there remains in the rhyme*
verborgen wohl ein Duft,	*a well-concealed fragrance,*
den mild aus stillem Keime	*which, gently, from the silent bud,*
ein feuchtes Auge ruft.	*can be summoned forth by tears.*

Wie Melodien zieht es mir
vi: melo'di:ən tsi:t |εs mi:r

Wie   Melodien   zieht   e s
vi: melo'di:ən tsi:t |εs

mir   leise   durch   den Sinn,
mi:r   'laezə   dʊrç   de:n zɪn

wie   Frühlingsblumen   blüht   e s
vi:'   fry:lɪŋs'blu:mən   bly:t |εs

und   schwebt   wie Duft   dahin.
|ʊnt   ʃve:pt   vi: dʊft   da'hɪn

Doch   kommt das   Wort   und fasst es
dɔχ   kɔmmt das   vɔrt |ʊnt fast |εs

und   führt   es   vor das Aug',   Auk
|ʊnt   fy:rt |εs   fo:r das |aʊg

wie   Nebelgrau   erblasst   e s
vi: 'ne:bəlgraʊ |erblast |εs

und   schwindet   wie ein   Hauch.
|ʊnt' ʃvɪndət   vi: |aen   haʊχ

Und   dennoch   ruht im   Reime
|ʊnt   'dεnnɔχ   ru:t |ɪm   'raemə

verborgen   wohl   ein Duft,
fεr'bɔrgən   vo:l |aen dʊft

den   mild   aus   stillem   Keime
de:n   mɪlt |aʊs   'ʃtɪləm   'kaemə

ein   feuchtes   Auge   ruft.
|aen   'fɔøçtəs |aʊgə   rʊft

When studying the recording of the native speaker on the cassette, it should be noted that the "R" sound needs to be modified to a flipped or rolled "R" when singing classical music in German.

WIE MELODIEN ZIEHT ES MIR

Klaus Groth
(original key A major)

Johannes Brahms

faßt es Und führt es vor das Aug', Wie Ne - bel-grau er-

blaßt es Und schwin - det wie ein Hauch, und

schwin - det wie ein Hauch.

Und den - noch ruht___ im___ Rei - me Ver - bor - gen wohl ein

Duft, Den mild aus stil - lem Kei - me Ein feuch - tes Au - ge

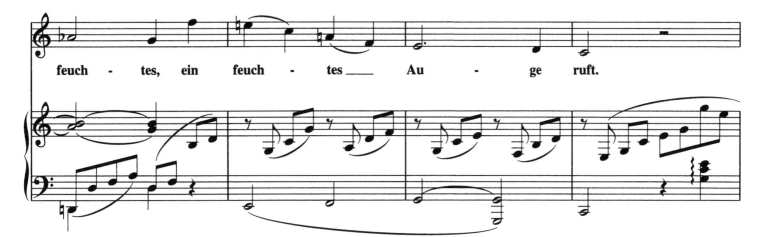

ruft, den mild aus stil - lem Kei - me ein

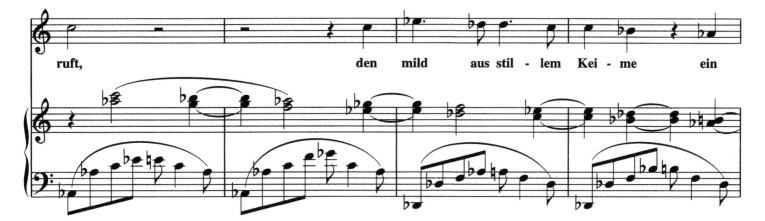

feuch - tes, ein feuch - tes ___ Au - ge ruft.

rit.

40

Der Gärtner
The Gardener

music by Hugo Wolf (1860-1903)
poem by Eduard Mörike (1804-1875)

Auf ihrem Leibrößlein,	On her favorite steed
So weiss wie der Schnee,	as white as snow
Die schönste Prinzessin	the most beautiful princess
Reit't durch die Allee.	strides down the avenue.
Der Weg, den das Rößlein	Along the path where the horse
Hintanzet so hold,	prances so elegantly,
Der Sand, den ich streute,	the sand which I sprinkled
Er blinket wie Gold!	glitters like gold!
Du rosenfarb's Hütlein	Oh little rose-colored hat,
Wohl auf und wohl ab,	bobbing up and down,
O wirf eine Feder,	won't you please toss down a single feather
Verstohlen herab!	when no one is looking!
Und willst du dagegen	And if in return you should like
Eine Blüte von mir,	a flower from me,
Nimm tausend für eine,	take a thousand of them for your one!
Nimm alle dafür!	Take them all!

Der Gärtner
deːr ˈgɛrtnər

Auf ihrem Leibrößlein,
|aʊf |iːrəm ˈlaeprœslaen

So weiss wie der Schnee,
zoː vaes viː deːr ʃneː

Die schönste Prinzessin
diː ˈʃøːnstə prɪnˈtsɛsɪn

Reit't durch die Allee.
raet dʊrç diː |aˈleː

Der Weg, den das Rößlein
deːr veːk deːn das ˈrœslaen

Hintanzet so hold,
ˈhɪntantsət zoː hɔlt

Der Sand, den ich streute,
deːr zant deːn |ɪç ˈʃtrɔøtə

Er blinket wie Gold!
|eːr ˈblɪnkət viː gɔlt

Du rosenfarb's Hütlein
duː roːzənfarps ˈhyːtlaen

Wohl auf und wohl ab,
voːl |aʊf |ʊnt voːl |ap

O wirf eine Feder,
|oː vɪrf |aenə ˈfeːdər

Verstohlen herab!
fɛrˈʃtoːlən hɛˈrap

Und willst du dagegen
|ʊnt vɪlst duː daˈgeːgən

Eine Blüte von mir
ˈlaenə ˈblyːtə fɔn miːr

Nimm tausend für eine,
nɪm ˈtaʊzənt fyːr |aenə

Nimm alle dafür!
nɪm ˈlalə daˈfyːr

When studying the recording of the native speaker on the cassette, it should be noted that the "R" sound needs to be modified to a flipped or rolled "R" when singing classical music in German.

DER GÄRTNER

Eduard Mörike
(original key)

Hugo Wolf

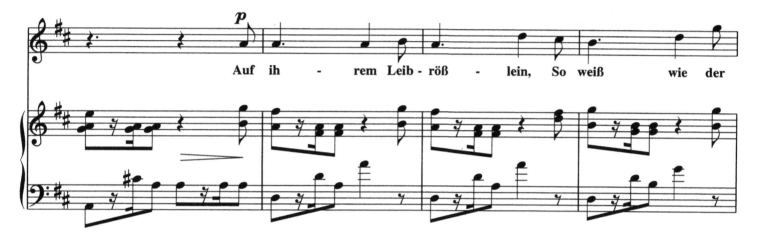

42

Röß - lein Hin-tan - zet so hold, Der Sand, ___ den ich streu - te, Er

blin - ket wie Gold! Du

ro - sen-farb's Hüt - lein Wohl auf und wohl ab, O wirf ei - ne

Fe - der Ver-stoh - len her - ab! Und willst du da-

ge - gen Ei - ne Blü - te von mir, Nimm tau - send für

ei - ne, Nimm al - le da für! Nimm tau - send für ei - ne, Nimm

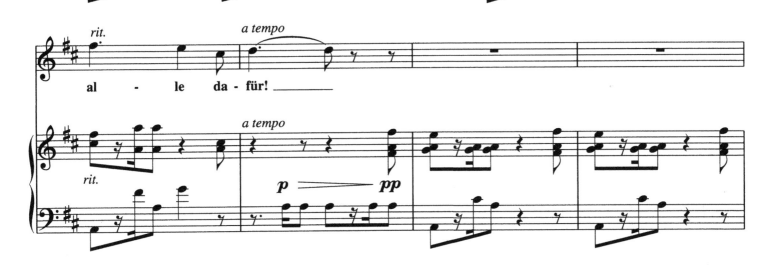

al - le da - für!

Verborgenheit
Seclusion

music by Hugo Wolf (1860-1903)
poem by Eduard Mörike (1804-1875)

Lass, o Welt, o lass mich sein!	*Let me be, o world!*
Locket nicht mit Liebesgaben,	*Do not tempt me with offerings of love.*
Lasst dies Herz alleine haben	*Leave this heart alone to experience*
Seine Wonne, seine Pein!	*its own joy, its own sorrow.*
Was ich traure, weiss ich nicht,	*I know not why I grieve.*
Es ist unbekanntes Wehe;	*It is some unknown pain.*
Immerdar durch Tränen sehe	*But always through my tears, I see*
Ich der Sonne liebes Licht.	*the loving light of the sun.*
Oft bin ich mir kaum bewusst,	*I often feel that I hardly know myself*
Und die helle Freude zücket	*and bright joy flashes*
Durch die Schwere, die mich drücket,	*through the heaviness that oppresses me,*
Wonniglich in meiner Brust.	*blissfully into my breast.*
Lass, o Welt, o lass mich sein!	*Let me be, o world!*
Locket nicht mit Liebesgaben,	*Do not tempt me with offerings of love.*
Lasst dies Herz alleine haben	*Leave this heart alone to experience*
Seine Wonne, seine Pein!	*its own joy, its own sorrow.*

Verborgenheit
fɛrˈbɔrgənhaet

Lass, o Welt, o lass mich sein!
las |oː vɛlt |oː las mɪç zaen

Locket nicht mit Liebesgaben,
ˈlɔkət nɪçt mɪt ˈliːbəsˈgaːbən

Lasst dies Herz alleine haben
last diːs hɛrts |aˈlaenə ˈhaːbən

Seine Wonne, seine Pein!
ˈzaenə ˈvɔnə ˈzaenə paen

Was ich traure, weiss ich nicht,
vas |ɪç ˈtraurə vaes |ɪç nɪçt

Es ist unbekanntes Wehe;
|ɛs |ɪst |unbəkantəsˈveːə

Immerdar durch Tränen sehe
|ɪmərdar durç ˈtrɛːnən ˈzeːə

Ich der Sonne liebes Licht.
|ɪç deːr ˈzɔnə ˈliːbəs |ɪçt

Oft bin ich mir kaum bewusst,
|ɔft bɪn |ɪç miːr kaum bəˈvust

Und die helle Freude zücket
|unt diː ˈhɛlə ˈfrɔødə ˈtsʏkət

Durch die Schwere, die mich drücket,
durç diː ˈʃveːrə diː mɪç ˈdrʏkət

Wonniglich in meiner Brust.
ˈvɔnɪçlɪç |ɪn ˈmaenər brust

Lass, o Welt, o lass mich sein!
las |oː vɛlt |oː las mɪç zaen

Locket nicht mit Liebesgaben,
ˈlɔkət nɪçt mɪt ˈliːbəsˈgaːbən

Lasst dies Herz alleine haben
last diːs hɛrts |aˈlaenə ˈhaːbən

Seine Wonne, seine Pein!
ˈzaenə ˈvɔnə ˈzaenə paen

When studying the recording of the native speaker on the cassette, it should be noted that the "R" sound needs to be modified to a flipped or rolled "R" when singing classical music in German.

VERBORGENHEIT

Eduard Mörike
(original key)

Hugo Wolf

Es ist un - be - kann - tes We - he; Im - mer - dar durch

Trä - nen se - he Ich der Son - ne lie - bes Licht.

nach und nach belebter und leidenschaftlicher
(with increasing passion and animation)

Oft bin ich mir kaum be - wußt, ____

Und die hel - le Freu - de zü - cket Durch die Schwe - re,

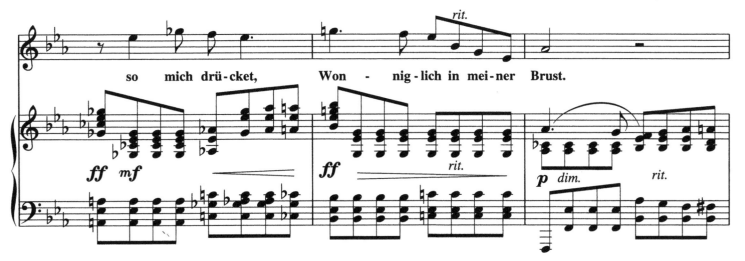

so mich drü-cket, Won - nig-lich in mei-ner Brust.

Tempo I

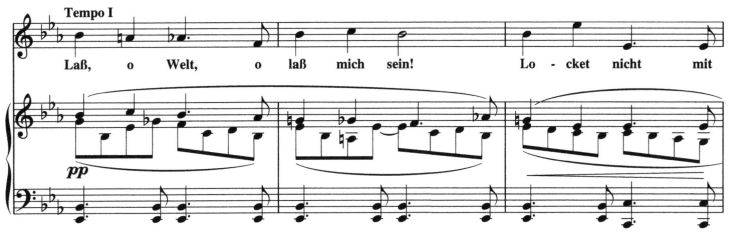

Laß, o Welt, o laß mich sein! Lo - cket nicht mit

Lie - bes-ga-ben, Laßt dies Herz al - lei - ne ha - ben

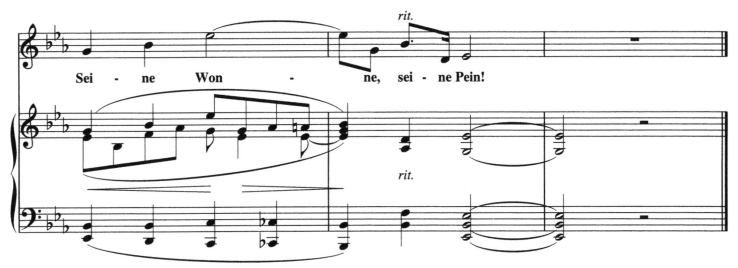

Sei - ne Won - ne, sei - ne Pein!

Allerseelen
All Souls' Day

music by Richard Strauss   (1864-1949)
poem by Hermann von Gilm   (1812-1864)

Stell' auf den Tisch	Place on the table
die duftenden Reseden,	the fragrant mignonettes,
die letzten roten Astern	bring in the last
trag' herbei,	red asters,
und lass uns wieder	and let us speak again
von der Liebe reden,	of love
wie einst im Mai.	as once in May.
Gib mir die Hand,	Give me your hand
dass ich sie heimlich drücke,	that I may secretly hold it
und wenn man's sieht,	and if anyone sees
mir ist es einerlei,	it doesn't matter to me.
gib mir nur einen	Give me just one
deiner süssen Blicke,	of your sweet glances
wie einst im Mai.	as once in May.
Es blüht und duftet heut'	Every grave blooms
auf jedem Grabe,	and glows today,
ein Tag im Jahr ist ja	The one day in the year
den Toten frei,	that belongs to the dead.
komm an mein Herz,	Come to my heart
dass ich dich wieder habe,	that I may hold you again
wie einst im Mai.	as once in May.

Allerseelen
ˈʔɑllərzeːlən

Stell' auf   den   Tisch die duftenden   Reseden,
ʃtɛl ʔɑʊf   deːn tɪʃ   diːˈdʊftəndən   rəˈzeːdən

die letzten roten   Astern   trag ' herbei,
diːˈlɛtstənˈroːtən   ˈʔastərn   traːk hɛrˈbɑe

und lass   uns   wieder von der Liebe   reden,
ʔʊnt las   ʔʊnsˈviːdər fɔn deːrˈliːbə   ˈreːdən

wie einst   im Mai.
viː ʔɑenst ʔɪm mɑe

Gib mir   die Hand,   dass ich sie heimlich drücke,
gɪp miːr   diː hant   das ʔɪç ziːˈhɑemlɪçˈdrʏkə

und wenn man's sieht,   mir ist es   einerlei,
ʔʊnt vɛn   mans ziːt   miːr ʔɪst ʔɛs   ˈʔɑenərlɑe

gib mir nur einen   deiner   süssen Blicke,
gɪp miːr nuːrˈʔɑenən   ˈdɑenər   ˈzyːsənˈblɪkə

wie einst   im Mai.
viː   ʔɑenst   ʔɪm mɑe

Es blüht und duftet heut'   auf jedem Grabe,
ʔɛs blyːt ʔʊntˈdʊftet hɔøt   ʔɑʊfˈjeːdəmˈgraːbe

ein Tag im Jahr ist ja   den Toten frei,
ʔɑen taːk ʔɪm jaːr ɪst jaː   deːn ˈtoːtən frɑe

komm an mein Herz,   dass ich dich wieder   habe,
kɔm ʔan mɑen hɛrts das ʔɪç dɪçˈviːdər   ˈhaːbə

wie einst   im Mai.
viː   ʔɑenst   ʔɪm mɑe

When studying the recording of the native speaker on the cassette, it should be noted that the "R" sound needs to be modified to a flipped or rolled "R" when singing classical music in German.

ALLERSEELEN

Hermann von Gilm
(original key)

Richard Strauss

Mai.

poco

mf dim. poco a poco

p

Gib mir die Hand, daß ich sie heim-lich drü - cke, Und wenn man's sieht,

p

mir ist es ei - ner-lei: Gib mir nur ei - nen dei - ner sü - ßen

pp

pp

Bli - cke, Wie einst im Mai. Es blüht und

con espressione

p

p *con espressione*

52

Z u e i g n u n g
Dedication

music by Richard Strauss   (1864-1949)
poem by Hermann von Gilm   (1812-1864)

Ja, du weisst es, teure Seele,
dass ich fern von dir mich quäle,
Liebe macht die Herzen krank,
    Habe Dank.

Einst hielt ich, der Freiheit Zecher,
hoch den amethysten Becher,
und du segnetest den Trank,
    Habe Dank.

Und beschworst darin die Bösen,
bis ich, was ich nie gewesen,
heilig, heilig an's Herz dir sank,
    Habe Dank.

Yes, you know it, dear soul,
that when I am away from you I suffer.
Love makes hearts sick.
    I am thankful!

Once, reveling in freedom, I
lifted high the amethyst cup
and you blessed the drink.
    I am thankful!

And you drove out the evils within it
until I, as never before,
humbled, sank upon your heart.
    I am thankful!

Z u e i g n u n g
ˈtsuɑegnʊŋ

Ja,   du weisst es, teure   Seele,
jɑː   duː vɑest ǀɛsˈtɔørə ˈzeːlə

dass ich fern von dir   mich   quäle,
das ǀɪç fɛrn fɔn diːr   mɪç   ˈkveːlə

Liebe macht   die Herzen   krank,
ˈlibə mɑχt   diːˈhertsən   kraŋk

Habe   Dank.
ˈhaːbə   daŋk

Einst   hielt ich,   der Freiheit Zecher,
ǀaenst   hiːlt ǀɪç   deːrˈfraehaet ˈtsɛçər

hoch den   amethysten   Becher
hoːχ deːn ǀaməˈtystən   ˈbeçər

und du segnetest   den Trank,
ǀʊnt duːˈzeːgnətəst   deːn traŋk

Habe   Dank.
ˈhaːbə   daŋk

Und beschworst darin   die Bösen,
ǀʊnt beˈʃvɔrst dɑˈrɪn   diːˈbøːzən

bis   ich, was ich nie gewesen,
bɪs   ǀɪç vɑs ǀɪç niː gəˈweːzən

heilig, heilig   an's Herz   dir sank,
ˈhaelɪçˈhaelɪç ǀans herts   diːr saŋk

Habe   Dank.
ˈhaːbə   daŋk

When studying the recording of the native speaker on the cassette, it should be noted that the "R" sound needs to be modified to a flipped or rolled "R" when singing classical music in German.

ZUEIGNUNG

Hermann von Gilm
(original key)

Richard Strauss

Dank. Einst hielt ich, der

Frei - heit Ze - cher, Hoch den A - me - ty - sten Be - cher,

Und du seg - ne - test den Trank, Ha - be Dank.

Und be-schworst da -

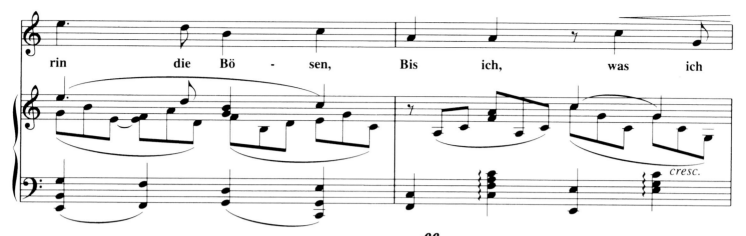

rin die Bö - sen, Bis ich, was ich

nie ___ ge - we - sen, Hei - lig, hei - lig an's

Herz dir sank,

Ha - be Dank.